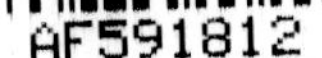

THÈSE

POUR

LA LICENCE.

A LA MÉMOIRE DE MA MÈRE.

A mon Père.

A MA FAMILLE.

1847

FACULTÉ DE DROIT DE TOULOUSE.

ACTE PUBLIC POUR LA LICENCE,

En exécution de l'art. 4, tit. 2, de la loi du 22 Ventôse an 12,

SOUTENU

Par M. VERDIER (Jean-Baptiste),

Né à Magescq (Landes).

JUS ROMANUM.

INST. LIB. II, TIT. XIII.

De Exhæredatione liberorum.

Dum testaretur secundum leges, nulla impedimenta voluntati testatoris, duodecim tabulæ afferebant; pater *uti legassit (ita jus esto.*

Id consequebatur ex patriâ potestate quam antiquitùs nos retinebant justi fines. Etenim statuere liberorum de vitâ ac nece licebat, multò magis de bonis suis et illorum. Attamen non longè fuerunt prudentes quin intelligerent quantoperè timendam hanc testatoris voluntatem minimè subjectam. Exhæredationem posuerunt adversariam.

« Qui filium in potestate habet, curare debet, ut eum vel hæredem instituat, vel nominatim exhæredet alioquin si eum silentio præterierit, inutiliter testabitur, adeoquidem, ut nostri præceptores existiment, etiamsi vivo patre filius defunctus sit, neminem hæredem ex eo testamento existere posse, scilicet quia statim ab initio non constiterit institutio » (Gaius Comment. II, § 123.)

Diversæ scholæ auctores, sicut ait Gaius, putabant, ex testamento hæreditatem adiri posse si ante mortem patris interceptus sit filius.

Meo quidem judicio non minùs valet proculeianorum quàm Sabinianorum sententia.

Horum etenim quia apud Catonem invenitur : *Quod ab initio vitiosum, tractu temporis non potest convalescere*, secundum strictum jus existimamus sententiam; sed contendebant illi *non statim* ab initio vitiosum esse testamentum, defuncto filio, quia, sine dubio, cessante regulæ causà, cessat regula.

Filiæ vel alii utriusque sexûs liberi non necesse erat ut nominatim exhæredentur, sed *inter cœteros*. Præteritis valebat etiam testamentum; sed scriptis hæredibus, adcrescunt illi. Si sui instituti sint, in virilem, si extranei, in dimidiam.

Sicut dictum est, qui in primo gradu essent, nominatim exhæredandi, et hoc ità fit : *Titius filius meus exhœres esto.*

Posthumi dicuntur qui tempore mortis patris nascuntur

Secundum Gaium vel hæredes institutos vel exhæredatos opportet esse omnes, ideòque par filiorum conditio cœterorumque liberorum, sive sint femini sexûs sive masculini. Quolibet igitur præterito posthumo rumpitur testamentum quod a principio valebat. Et quidem « si mulier ex quâ posthumus sperabatur, abortum fecerit, nihil impedimento est scriptis hæredibus ad hæreditatem adeundam». Gaius Comment. II, § 131.

Posthumus filius, nepos et deinceps masculini sèxûs nominatìm exhæredandi, hoc scilicet modo : *quicunque mihi filius genitus fuerit exhæres esto*

Filiæ cæteræque feminæ vel nominatim vel inter cœteros, dummodò inter cœteros cum adjectione legati sunt exhæredandæ, ne videantur præteritæ esse per oblivionem.

« Posthumorum loco sunt, et hi qui in sùi hæredis loco succedendo quasi agnoscendo fiunt parentibus sui hæredes ». Instit. lib II, tit. XIII, § 3.

« Nepos posthumus qui in locum patris succedere potest, ab avo aut hæres instituendus est aut nominatim exhæredandus ne agnascendo rumpat testamentum ». Paul lib. III, tit IV, § 10.

A prudentibus permissum est ut exhæredentur posthumi ne scilicet, diligenter facta testamenta, eo tempore rescinderentur, quo renovari non possunt.

Item testamentum rescindunt nepos et neptis qui hæredes sui fiunt quia exiit eorum pater morte aut quâlibet ratione de testatoris potestate. Sed testatore vivo renovari potest testamentum, eoque modo intestatus non morietur. Hâc ratione non permiserunt prudentes ut exhæredentur qui posthumorum sunt loco, sed permisit seriùs *lex Julia Velleia*.

Eodem modo ut exhæredentur posthumi exhæredandi qui loco sunt illorum, id est, virilis sexûs nominatim, femini verò vel nominatìm, vel inter cœteros, dummodo aliquid his legetur

Si quis post factum testamentum adoptaverit sibi filium aut per populum eum qui sui juris est, aut per prætorem eum, qui in potestate parentis fuerit, omni modo testamentum ejus rumpitur quasi agnatione sui hæredis. Idem juris est si cui post factum testamentum uxor in manum conveniat. Hanc neque illum permisit, lex Julia Velleia præexheredari, nam ait Gaius, de exhæredatione jus supervacuum videtur quærere, quum testamenti faciendi tempore suorum hæredum numero non fuerit.

Emancipatos liberos secundum jus civile, neque instituendos

neque exhæredandos opportet esse quia non sunt hæredes sui. Attamen exhæredari jubet prœtor, alioquin contrà tabulas testamenti dat illis bonorum possessionem.

Adoptivi liberi, quandiù tenentur in adoptione, naturalium loco sunt, sed à patre adoptivo emancipati, non jam numerantur inter suos liberos, sed inter quos emancipaverit pater naturalis. Dùm pater adoptivus eos emancipaverit, vivo patre naturali.

In exhæredatione tale fuit jus civile.

« Nostra vero constitutio, ait Justinianus, inter masculos et feminas in hoc jure nihil interesse existimamus. »

Per hanc constitutionem, nisi hæredes instituti fuerint, exhæredandi omnes liberi sive virilis sexûs, sive femini, non minùs hæredes sui quàm nepos, neptis et deinceps, eodemque modo posthumi et quos providit lex Julia Velleia, quos etiam non providit, emancipati tandem adotiviqùe : etenim utraque persona in hominum procreatione similiter naturæ officio fungitur. Non est jam ut ampliùs videamus quam de ascendentibus quibus permissum erat neque exhæredare neque hæredes instituere.

In expeditione occupatus miles si testamentum faciat, potest liberos suos omittere, dum non ignoret an eos habeat.

Denique apud Justinianum invenitur : « Silentium matris aut avi materni et cœterorum per matrem ascendentium, tantùm facit quantùm exhæredatio patris ».

CODE CIVIL.

LIVRE III, TITRE III.

Des Contrats (Art. 1315-1369.)

L'article 1315 n'est que la reproduction de ces deux principes de droit naturel : *Omnes probandi incumbit actori. — Reus excipiendo fit actor.* Vous vous prétendez mon créancier d'une certaine somme, et, sur mon refus de vous payer, vous m'appelez en justice ; nécessairement alors, il vous faudra présenter vos moyens à l'appui de votre demande, prouver l'existence de votre droit; à mon tour, j'opposerai mes moyens aux vôtres.

La règle est générale pour toutes les actions tant réelles que personnelles ; celui qui allègue un fait nouveau doit, avant tout, en établir la preuve vis-à-vis de son adversaire, que ce fait soit affirmatif ou négatif, car nous n'adoptons pas l'opinion de certains auteurs qui prétendent que celui qui allèguerait un fait négatif rejetterait, par cela même, la difficulté de l'initiative sur son adversaire.

La preuve, au point de vue du droit, peut être définie : tout moyen accordé par la loi, à l'effet d'arriver à la connaissance de la vérité.

Le juge n'est pas libre, pour former sa conviction, d'user de moyens autres que ceux donnés par la loi, ni même d'étendre l'effet de ceux qui sont mis à sa disposition. Bien plus, il aurait une conviction positive touchant le fait contesté, mais acquise en dehor de la loi, qu'il devrait nécessairement en faire le sacrifice et subir l'effet des preuves légalement présentées. La conscience se tait lorsque parle la loi.

Les preuves admises par le Code sont : la preuve littérale, la preuve testimoniale, les présomptions, l'aveu de la partie et le serment (1316).

Elles sont de fait ou de droit, selon qu'elles résultent des actes ou des faits, ou bien qu'elles se confondent avec la disposition de la loi elle-même.

On les divise en pleine et semi-pleines. — Les premières sont celles qui entraînent la persuasion ; les secondes, celles qui agissent bien sur l'esprit du magistrat, mais qui cependant n'ont pas la même consistance que les autres. En vérité, il est difficile d'admettre une telle division, bien que le Code semble l'avoir adoptée (art. 1367). Une preuve, en effet, produit l'effet qui y est attaché, ou ne le produit pas ; dès-lors, elle sera preuve dans tout l'absolu du sens attaché à ce mot, ou elle ne le sera pas du tout. *Sic quæ non est plena probatio, planè nulla probatio est*, dit Cujas, et il ajoute que les Romains ne connaissaient pas de semi-preuves.

Section première.

De la Preuve littérale.

La preuve littérale est celle qui résulte des actes ou des écritures.

Les mots titre et acte employés indifféremment par le Code, ne sont cependant pas synonimes. Le premier exprime la cause du droit, le second (*lato sensu*) désigne tout ce qui est fait entre les parties, plus particulièrement l'écrit rédigé en vue de la convention ; dans ce dernier sens, il prend le nom d'*instrumentum*.

Les actes sont authentiques, sous signature privée ou sans signature, originaux ou copies, primordiaux ou récognitifs.

§ PREMIER.

Du Titre authentique.

Les rédacteurs du Code ont seulement défini l'acte authentique et indiqué ses principaux effets, parce qu'ils ont reconnu probablement que la loi du 25 ventôse an XI, complétée par la loi du 21 juin 1843, établissait toutes les formalités nécessaires pour la validité de cet acte. Il ne nous appartient pas d'analyser cette loi, mais nous présenterons en leur lieu et place les principales questions qui s'y rattachent directement.

« L'acte authentique est celui qui a été reçu par officiers publics ayant le droit d'instrumenter dans le lieu où l'acte a été rédigé, et avec les solennités requises. » (1317).

On distingue quatre espèces d'actes authentiques : 1° les actes législatifs, tels que les lois et ordonnances, etc.; 2° les actes judiciaires. (Nous ferons rentrer dans cette classse le procès-verbal de conciliation, malgré qu'il soit dépouillé d'une des prérogatives attachées à l'acte authentique) ; 3° les actes administratifs; 4° les actes notariés. — Nous n'avons à nous occuper que de ces derniers.

Plusieurs conditions sont indispensables pour l'authenticité de l'acte ; il faut d'abord qu'il soit reçu par un officier public exerçant dans les limites de sa compétence attributive et territoriale ; de plus, qu'on observe dans sa rédaction les formalités requises.

De l'absence de l'une de ces conditions résulte la non authenticité de l'acte, mais non point la nullité de la convention. Il est bien entendu que nous nous plaçons en dehors des actes portant donation entre-vifs, des contrats de mariage, des conventions d'hypothèque et autres dont l'essence est d'être authentiques et dont la preuve consiste précisément dans les solennités que la loi exige.

Mais, ainsi que nous l'avons déjà dit, les autres actes passés devant notaires ne sont pas sujets à la même rigueur.

Voyons quel sera sur eux l'effet provenant soit d'un vice de forme, soit de l'incompétence, soit de l'incapacité de l'officier public.

1° L'acte nul comme authentique servira comme écriture privée, s'il possède la signature des parties, dans le cas où il est synallagmatique; celle du débiteur lorsqu'il sera unilatéral. On justifie facilement cette disposition de la loi : la signature du notaire, il est vrai, dans un acte valide, augmente, complète la valeur des signatures privées, mais on ne concevrait pas qu'elle produisît un effet contraire dans un acte péchant par un défaut de forme; *utile per inutile non vitiatur*. Les art. 1325-1326 recevront-ils ici leur application?... *Quid* de l'art. 68 de la loi du 25 ventôse an XI?

2° L'officier public est incompétent lorsqu'il instrumente hors de son ressort, et surtout lorsqu'il n'est pas revêtu du caractère propre à recevoir l'acte. Dans le premier cas, l'acte vaut comme écriture privée; dans le deuxième, il est nul, radicalement nul.

3° L'incapacité du notaire provient soit d'une réception frauduleuse, soit de sa suspension, interdiction, destitution. On applique, en premier lieu, la maxime *error communis facit jus;* et puis l'on décide que l'acte rédigé ne vaudra que comme écriture privée.

Du reste, il importe surtout de remarquer que l'acte ordinairement n'est exigé que pour la preuve, partant, on doit décider que l'obligation deviendra exécutoire si elle ressort des autres moyens légaux.

L'acte authentique fait pleine foi par lui-même contre les parties, leurs héritiers et ayant cause, 1° de tout le dispositif de l'acte, c'est-à-dire de tout ce que les parties avaient principalement en vue, de ce qui a fait l'objet de l'acte; 2° de ce qui est énonciatif, lorsque l'énonciation a un rapport direct à la convention. Quant aux énonciations que ne peut pas personnellement garantir le notaire, elles sont, pour ainsi dire, non avenues, et toute leur importance se réduit à donner quelquefois accès à d'autres preuves.

A l'égard des tiers, l'acte prouve seulement *rem ipsam*; c'est-à-dire que la convention qu'il renferme est réellement intervenue; aussi peut-il servir de base à la prescription.

L'acte authentique est exécutoire par lui-même; nul n'est reçu à décliner son autorité. Cependant il peut être faux, et par la prévarication du notaire, et par la simulation des parties. Les moyens donnés pour attaquer des actes de cette nature sont : le faux principal, le faux incident. La plainte en faux principal, lorsqu'elle est suivie de la mise en accusation du faussaire, arrête de plein droit l'exécution de l'acte, parce que la foi qui s'y rattache a beaucoup perdu de son intensité. En cas de faux incident, la loi confie aux tribunaux le soin de suspendre ou de maintenir provisoirement cette exécution.

Les actes authentiques sont souvent modifiés ou même anéantis par des contre-lettres qui sont des actes sous seing privé destinés à rester secrets. Elles n'ont pas d'effet contre les tiers; mais entre les parties contractantes.... La négative semblerait résulter de la loi du 22 frimaire, an VII. L'opinion contraire a prévalu, parce que l'on décide aujourd'hui que l'art. 40 de cette loi a été abrogé par l'art. 1321 du Code civil.

§ II.

Des Ecrits privés.

Telle n'est pas la rubrique du Code que nous négligeons, parce qu'elle est incomplète.

Les écrits privés sont l'œuvre des parties.

Il faut distinguer les écrits qui ont une forme régulière, qui sont revêtus de la signature des parties et qu'on appelle actes sous seing privé, des registres, papiers domestiques, etc., qui se présentent sous un aspect tout-à-fait différent.

Des Actes sous seing-privé. — En général, les parties sont libres de rédiger elles-mêmes leurs conventions ; à cet effet, elles dressent un acte, et leurs signatures, qu'elles y apposent, sont un véritable aveu, présentent une garantie suffisante. Il est nésessaire de distinguer le cas où les deux contractants s'obligent réciproquement de celui où il n'y aura qu'un seul créancier. Envisagé sous ce dernier point de vue, l'acte dressé devra rester entre les mains du créancier comme preuve de son droit, et comme moyen d'exécution. Au contraire, si le contrat est synallagmatique, on rédigera autant d'originaux que l'on comptera de parties ayant un intérêt distinct; de plus, chaque original fera mention du nombre d'originaux délivrés. Sans cette double précaution, la partie qui n'aurait pas de titre serait au pouvoir de l'autre, ou bien encore l'une d'elles pourrait prétendre qu'il n'a pas été fait le nombre d'originaux voulu. Si les formalités indiquées n'ont pas été remplies, les actes ne sont point valables. Deux opinions contraires se rencontrent ici : les uns veulent que l'acte vicié serve d'un commencement de preuve, les autres ne le veulent pas. La première opinion semble assez logique, si l'on considère que c'est l'acte et non la convention qui est détruite. Du reste, cette nullité est couverte par la partie qui exécute le contrat.

L'art. 1326 a surtout pour but de garantir la sincérité de l'obligation en rendant toute surprise impossible. Il porte que celui qui s'engage pour *une somme d'argent* ou pour *des choses appréciables* doit écrire de sa propre main le billet en entier, ou tout au moins un *bon* ou *approuvé* et y apposer sa signature. Inutile de dire que ce *bon* doit porter la même somme que celle du corps de l'acte ; si cette identité faisait défaut, le débiteur ne serait tenu que jusqu'à concurrence du montant exprimé par lui-même.

Les exceptions à cette règle générale trouvent leur justification, jusqu'à un certain point cependant, dans la qualité des personnes qu'elles favorisent.

L'acte sous seing-privé reconnu ou vérifié a, entre les parties, leurs héritiers et ayants cause la même force que l'acte authentique. Vis-à-vis des tiers, il n'a d'existence légale qu'à partir du jour où il a acquis date certaine par l'enregistrement, par la mort de l'un de ceux qui l'ont signé ou par sa reproduction dans un acte authentique, tel qu'un inventaire, par exemple. A ces moyens légaux de certifier la date, on pourrait en ajouter d'autres aussi sûrs.

Il ne nous reste plus qu'à examiner dans quelles limites se fera l'application de l'art. 1322. Eh bien, eu égard à la qualité des personnes qui se trouvent en présence, on décide que l'acte sous seing privé peut faire foi, lorsqu'il n'est pas en opposition avec un acte authentique ; ou bien encore, dans ce cas, s'il a acquis date certaine antérieure à celle de l'acte authentique.

Des Ecritures privées.— Les écrits privés, sans signature, tirent leur force plus ou moins probante, soit de leur distinction, soit de leur régularité. Sont placés au premier rang les livres de commerce qui suffisent, lorsqu'ils sont régulièrement tenus, pour faire preuve complète entre commerçants ; mais contre des tiers, ils peuvent tout au plus engager le juge à déférer le serment.

Viennent ensuite les papiers domestiques dont la foi ne peut être invoquée que contre celui qui les tient.

Toute écriture de la main du créancier sur un point quelconque de son titre n'est contraire qu'à lui seul. Il en est de même d'une libération faite par lui sur le double d'un titre ou d'une quittance, si ce double est resté entre les mains du débiteur.

Des Tailles. — Les tailles, signe de convention entre les parties et leur clientèle, font foi quand elles sont conformes à leurs échantillons. *Quid* d'une valeur au-dessus de 150 francs ?.... Faut-il notamment qu'elles aient acquis date certaine ?...

Des Copies des titres. Les copies des titres ne présentent de garantie et, par conséquent, ne peuvent servir de preuve qu'autant qu'elles ont été certifiées conformes par le défenseur légal des originaux. On distingue six espèces de copies de titres auxquelles on applique les deux principes suivants : 1° la preuve s'affaiblit à mesure qu'elle s'éloigne de sa source ; 2° arrivée à trente ans, la simple copie, dégagée des formalités nécessaires aux grosses tirées par ordre du magistrat ou du consentement des parties fait foi pleine et entière.

La transcription d'un acte sur les registres publics a bien aussi sa part d'influence, mais on rejètte comme absolument inutile toute copie d'acte sous seing-privé.

Des Actes récognitifs et confirmatifs. — On nomme récognitif l'acte qui ratifie, qui maintient une obligation préexistante ; sa forme est la même que celle de l'acte constitutif. Il ne supplée à l'absence de celui-ci qu'autant qu'il représente la teneur.

L'acte confirmatif a pour objet de raffermir une obligation vicieuse en sa forme, contre laquelle on eût pu se pourvoir par voie de nullité ou de rescision. La confirmation, pour être efficace, doit être faite en connaissance du vice que l'on veut faire disparaître ; nous ajouterons enfin qu'elle est impraticable dans les donations, de la part du donateur, mais non de ses héritiers.

Section II.

De la Preuve testimoniale.

Il fut un temps où il n'était pas permis, pour ainsi dire, de douter de la parole d'un homme : *témoins passent lettres.* Cette vieille maxime, qui témoigne tout à la fois et de la simplicité de nos pères et de leur vertu, ne résista pas aux progrès de la société que le législateur dut soumettre à un principe contraire : *lettres passent témoins.*

Nous avons vu ce que pouvaient les premières ; examinons maintenant jusqu'où s'étend l'effet de la déposition des témoins.

Et d'abord, si les parties ont rapporté dans un écrit les faits qui les intéressent, on n'est pas reçu à présenter la preuve testimoniale contre et outre le contenu de cet écrit. Quand donc pourra-t-elle être admise ?.... Afin de prévenir les funestes effets de la corruption trop facile, hélas ! les inconvénients de l'infidélité des souvenirs et surtout la multiplicité des procès, la loi décide avec des précisions pleines d'une juste défiance, qu'il doit être passé acte de toutes choses excédant la somme ou valeur de 150 fr. Cette règle générale ne souffre d'exception qu'en faveur des opérations commerciales et des faits dont la nature est de vicier le consentement.

La preuve testimoniale, bien que la demande s'élève au-dessus de 150 fr., est encore reçue dans les cas suivants : 1° quand il existe un commencement de preuve par écrit; 2° lorsqu'il a été impossible de se procurer une preuve littérale; 3° enfin, si la partie intéressée, par une cause indépendante de sa volonté, ne peut plus faire valoir l'écrit qu'elle avait obtenu.

SECTION III.

Des Présomptions.

Si l'on s'en rapportait à la définition de l'art 1349, il serait réellement difficile de saisir la différence qui existe entre les preuves en général et celles dites *présomptions*. « Celles-ci consistent, d'après cet article, dans les conséquences que la loi ou le magistrat tire d'un fait connu à un fait inconnu ». Mais il n'est pas de cas tellement évident, que le juge ne soit obligé de se décider par des conséquences plus ou moins éloignées, plus ou moins faciles, il est vrai, mais toujours nécessaires, toujours indispensables. Comment donc distinguerons-nous les preuves qu'on appelle *présomptions*, des autres preuves ?... Ces dernières, en général, sont des conséquences tirées de l'énonciation soit écrite, soit verbale d'un fait inconnu, les autres reposent sur un fait matériel acquis servant de point de départ pour arriver à la vérité; la certitude qui résulte des preuves est directe, tandis que la conviction obtenue au moyen des présomptions ne se fait que par une voie détournée, par induction.

Les présomptions sont légales ou judiciaires : *légales*, lorsqu'à certains actes, à certains faits, un texte spécial attache cette qualité ; *judiciaires*, lorsque des circonstances non définies par la loi sont abandonnées à l'appréciation du magistrat.

Présomptions établies par la loi. — Les présomptions légales, reposant toujours sur une disposition formelle de la loi, dispensent de toute preuve celui au profit de qui elles existent ; mais peut-on, comme celles de l'homme, les attaquer, les détruire par la preuve contraire ? Autrefois les auteurs reconnaissaient deux espèces de présomptions légales ; 1° les présomptions *juris tantùm ;* 2° *juris et de jure.* Contre les premières, la preuve contraire était admise, mais non pas contre les secondes, parce que le droit qu'elles conféraient était réputé irréfragable, pour des motifs d'intérêt public. Le Code a conservé cette distinction (1352).

Dans l'art. 1350, on trouve les principaux exemples de présomptions légales ; on est assez surpris d'y voir figurer l'aveu de la partie et le serment, qui constituent de véritables preuves ; nous pouvons avancer, cependant, qu'il y a présomption légale, si la partie, à qui l'on defère le serment, refuse de le prêter ou bien ne le réfère pas.

Nous dirons enfin, que l'autorité de la chose jugée ne peut être opposée qu'autant qu'elle présente les caractères suivants : *suspiciendum est an idem corpus sit, quantitas eadem, idem jus. eadem causa petendi et eadem conditio personarum.*

Présomptions judiciaires. — La liberté donnée au juge pour l'appréciation de certaines prescriptions a des limites qu'il ne saurait équitablement franchir.

Sect. IV.

De l'aveu de la partie.

Lorsque l'extinction ou l'existence d'une obligation n'est pas constatée par un écrit rédigé au moment où la convention a eu lieu, elle peut l'être postérieurement par un aveu de la partie intéressée à nier le fait.

L'aveu, dans l'ordre rationnel des preuves, aurait dû les précéder toutes, car il équivaut presque à l'évidence. Il ne s'agit maintenant que de l'aveu fait en justice, et non de l'*aveu extrajudiciaire* qui, s'il est écrit, se confond avec la preuve littérale, s'il ne l'est pas, avec la preuve testimoniale.

L'aveu judiciaire, pouvant entraîner une aliénation, doit être soumis au principe suivant : *qui non potest donare, non potest confiteri.* Il est *forcé* ou *spontané.* — Il fait pleine foi contre celui dont il émane.

Les aveux judiciaires ne peuvent être divisés contre celui qui les fait. Ce principe généralement reconnu par les anciens jurisconsultes, ne gênait cependant pas trop l'arbitraire du juge dans l'application. On prétend aujourd'hui que l'art. 1356 en a fait une règle absolue. Mais ce caractère ne répugne-t-il pas à la nature des choses? Ne peut-il pas arriver qu'une partie détruira tout l'effet d'un aveu véritable par un aveu mensonger ; et, si le juge reconnaît ces manœuvres frauduleuses, il ne lui sera pas permis de séparer le vrai du faux ? Nous ne dirons pas qu'une telle indivisibilité est absurde, parce qu'elle est fondée jusqu'à un certain point, sur la lettre de notre article, mais nous pensons qu'elle est souvent impossible dans la pratique.

L'aveu judidiciaire est irrévocable, à moins qu'on ne prouve qu'il a été la suite d'une erreur de fait. Pourrait-il être retracté, si l'adversaire ne l'avait pas encore reçu ? A la rigueur, non ; car la déclaration d'un fait, lorsqu'elle a lieu en justice, doit être présumée vraie, si elle est libre et spontanée ; néanmoins l'opinion contraire est admise dans la pratique.

Sect. V.

Du Serment.

Le serment est l'appel le plus énergique fait à la conscience, sous le regard de Dieu même. La loi n'a réglé, et paraît n'avoir voulu sanctionner que le serment déféré en justice.

Le serment déféré par une partie à l'autre est *décisoire*, c'est-à-dire qu'il entraîne de plein droit la solution du litige. — On donne le nom de *supplétoire* au serment déféré par le juge, attendu qu'il supplée au manque de preuves.

Serment décisoire. — On a l'habitude d'assimiler le serment décisoire à une véritable transaction; en effet, il nécessite le concours de deux volontés : l'offre du serment et l'acceptation de cette offre. Il suit de là, qu'en matière de séparation de corps ou de biens, on n'est pas admis à le déférer sur les faits allégués; car il n'y a pas matière à transaction.

A cette première défense de déférer le serment se joignent les suivantes qui portent : 1° sur la demande en paiement d'une dette pour laquelle la loi n'accorde pas d'action, car la dette fût-elle prouvée, ne serait pas exigible; 2° sur une convention qui, pour être obligatoire, doit être passée selon les formes solennelles; 3° sur les individus qui n'ont pas l'administration de leurs biens; car il s'agit d'une aliénation; 4° sur le tuteur pour le mineur et l'interdit, à moins qu'il ne se soumette aux formalités prescrites par l'art. 467, C. de pr.

Le serment décisoire n'a d'effet qu'entre les parties, leurs héritiers et ayants cause, sans pouvoir nuire ni profiter aux tiers. Il peut être déféré sur quelque espèce de contestation que ce soit. Nous avons déjà vu plusieurs exemples devant lesquels fléchissait l'absolu de cette règle, la loi consacre elle-même une nouvelle exception, en déclarant qu'il ne peut être déféré que sur un fait personnel à la partie à qui on le défère. Cependant on est toujours admis à exiger le serment de crédibilité.

Le refus de prêter serment ou de le référer équivaut à un aveu tacite.

Du Serment supplétoire. — Il arrive souvent que les parties n'ont pas assez de confiance l'une envers l'autre pour recourir au serment décisoire ; tout comme il est possible qu'une demande ou une exception, pour être dépourvue de preuves, ne soit pas pleinement justifiée : dans cet état de doute, d'incertitude, le juge ne peut pas condamner directement le défendeur, ni repousser la demande : aussi peut-il déférer le serment à celle des parties qui lui inspire le plus de confiance. Il y a de grandes différences entre ce dernier serment et le premier. Nous avons déjà vu l'effet de celui-ci ; quant au serment supplétoire, il ne peut être déféré sans un commencement de preuve, ni référé ; enfin il n'est point inattaquable, et le refus de le prêter n'est pas considéré comme un aveu tacite.

CODE DE PROCÉDURE.

LIVRE II, TITRE II.

Des Ajournements, des Actions en général, du Tribunal où se portent toutes les actions. (Art. 59-60.)

Une contestation s'élève ; impossible de la vider autrement, il faut plaider. L'ouverture de l'instance se fera nécessairement par un avertissement ou acte revêtu des formalités requises, que donnera le demandeur à son adversaire, pour qu'il ait à comparaître devant le tribunal, à tel délai et à tel jour indiqué.

Nous n'avons pas à nous occuper ici des formalités soit intrinsèques, soit extrinsèques des ajournements : déterminer le tribunal compétent, selon la nature et l'objet de l'action, c'est en cela seulement que consiste tout notre travail. L'art. 59 nous fixe bien jusqu'à un certain point sur ce tribunal, mais, nulle part dans le Code, on ne trouve les indications, les règles propres à reconnaître ce que c'est qu'une action personnelle, une action réelle, une action mixte. Cette omission, fâcheuse sous plus d'un rapport, n'est cependant pas l'effet de l'oubli ; car plusieurs membres du tribunat demandèrent avec instance que l'on plaçât, en tête du titre, quelques notions générales sur les actions. On répondit à cela que l'explication de cette matière revenait de plein droit à la doctrine.

Au point de vue de la doctrine, qu'est-ce donc qu'une action personnelle, qu'une action réelle, qu'une action mixte ? (*Quant à celle-ci, nous la verrons plus tard.*)

Pour répondre avec quelque assurance, nous devons remonter à la législation romaine à laqurlle on a emprunté ces dénominations.

A Rome, le préteur, véritable dépositaire de la justice, accordait au demandeur, qui lui avait exposé sa prétention, une formule dans laquelle il expliquait au *judex* la nature et l'objet de sa mission. Cette formule se composait de plusieurs parties distinctes, entre lesquelles, à cause de la matière qui nous occupe, nous devons surtout remarquer l'*intentio*. Celle-ci contenait toujours l'objet de la demande et le nom du demandeur, quelquefois aussi celui du défendeur. Du reste voici deux exemples *d'intentiones* bien distincts, pris dans Gaius : 1° *Si paret, Numerium Negidium Aulo Agerio sestercium decem millia dare opportere* ; 2° *si paret, hominem ex jure Quiritium Auli Agerii eese.* Cette omission du nom du défendeur, dans certains cas, ne tenait certes pas au caprice du préteur ni à un simple accident de procédure, mais bien à l'impérieuse nécessité, au fond même du droit. Ainsi, en présence du préteur, on se prétend simplement créancier, mais cette prétention posée sans autre accessoire n'a pas le sens commun, ne signifie rien; car on n'est pas créancier, en général, d'une manière indéterminée, mais on l'est de *Jean*, de *Paul*, d'une individualité. Alors, en vertu de cette précision, vous obtiendrez du préteur *l'actio in personam* dont *l'intentio* présentera le nom du débiteur. Elle sera ainsi qualifiée, non pas tant parce qu'elle contiendra ce nom (ce n'est là que le mécanisme de la procédure) mais surtout parce que vous aurez agi en vertu d'une obligation qui suppose toujours un lien de personne à personne.

Au contraire, lorsqu'on agit en vertu d'un droit de propriété, comme si je disais : tel esclave, tel champ m'appartient, on indique un rapport de personne à chose. — L'action sera alors *in rem*.

Les actions *in rem*, *in personam*, fondées sur les rapports de personne à personne, de personne à chose, on les a reproduites dans notre code, dans tout leur sens primitif, abstraction faite toutefois du système mécanique des formules; aussi la définition qu'en a donné Gaius, s'applique-t-elle exactement à celles que nous appelons aussi actions personnelles, actions réelles.

In personam actio est quotiens cum aliquo agimus, qui nobis vel ex contractu vel ex delicto obligatus est, id est, cùm intendimus dare, facere, præstare opportere. In rem actio est, Cùm aut corporalem rem intendimus nostram esse, aut jus aliquod nobis competere, velut utendi, aut utendi-fruendi, eundi, agendi, aquamve ducendi, vel altiùs tollendi, vel prospiciendi (Gaius, lib. IV, §§ 2 et 3). »

Cette division générale des actions qui sert de base au principe de compétence (art. 59), tient à leur cause efficiente. Il en est une autre, importante aussi, mais fort différente et que l'on a confondu avec la première ; c'est celle des actions mobilières et immobilières.

L'action est mobilière, *cùm tendit ad quid mobile ;* immobilière, *cùm tendi ad quid immobile.*

Cette définition est assez caractérisque pour faire ressortir les différences qui séparent les actions réelles et personnelles de celles-ci : les premières, en effet, proviennent de la cause qui les produit, tandis que les autres n'expriment uniquement que la nature de l'objet que l'on réclame. Et cependant beaucoup de personnes ne voient dans une action personnelle qu'une action mobilière, dans une action immobilière qu'une action réelle. D'où peut venir cette confusion ?.... Il nous suffit de l'avoir indiquée.

Appliquons maintenant ces principes à l'art 59.

Dispositions de cet article.

Le premier paragraghe n'est que la reproduction de ce principe *actor sequitur forum rei*. Le motif de cette règle est facile a saisir. C'est qu'il ne doit pas dépendre d'un individu, dont la prétention ne serait peut-être rien moins que capricieuse, de m'attirer à de grandes distances, pour répondre à sa demande. Celui qui attaque a contre lui la présomption de la loi : *actor sequitur forum rei*. Cette règle est générale, malgré la restriction, le fini, pour ainsi dire, des expressions du rédacteur. Il semble, en effet, que la disposition de ce paragraphe ne s'applique qu'aux matières purement personnelles; mais on y fait entrer aussi les actions réelles mobilières (arg., § 3), et les questions d'état, non qu'elles soit mobilières, ainsi que le prétendait la cour de cassation, mais parce que, n'étant pas classées par le Code, elles rentrent dans la règle générale.

Le § 2 ne présente pas de difficulté saillante... Nous le passons.

Quant au § 3, une simple observation suffira : il faut entendre par matière réelle, les actions réelles immobilières.

§ 4. — « En matière mixte, devant le tribunal de la situation, ou devant le juge du domicile du défendeur. »

Les actions mixtes ont fait dépenser beaucoup de temps et beaucoup de paroles; et l'on est arrivé..... au point de départ.

De nombreuses opinions sont soutenues sur cette matière, nous dirons même sont soutenables, puisqu'elles s'opposent une égale résistance. Il nous est impossible d'entrer dans la discussion d'elles toutes, on le comprendra facilement, ce serait nous engager dans un labyrinte inextricable, mais nous traiterons la matière, au moins autant qu'il nous appartiendra, au point de vue du législateur.

Pothier, dans l'Instruction générale aux Coutumes, § 121, dit : « Il y a des actions proprement mixtes, dont la nature participe de celle des actions réelles et de celle des actions personnelles. » Les rédacteurs du code, dont Pothier fut consamment le guide, ont dû, comme lui, entendre par mixtes les actions qui réunissent le double caractère de réalité et de personnalité, *tam in rem quàm in personam*. C'est fort bien jusques-là, mais où trouver des exemples pour l'application de ces principes?.... On en donne trois assez malheureux, puisque les deux premiers sont inapplicables toujours, et l'autre dans certains cas, trois tirés de la procédure romaine, ce sont : *familiæ erciscundæ finium regundorum*, *communi dividundo*. Ces actions sont réelles en vertu du droit de propriété que l'on exerce ; elles sont personnelles aussi, parce que la loi oblige de supporter le bornage, et que nul n'est forcé de rester dans l'indivision : d'où suit cette qualité de créancier dans le demandeur, de débiteur dans le défendeur. Aux trois cas précités, on peut ajouter les actions en réméré et en résolution de vente, d'après lesquelles on est libre d'agir en deux qualités distinctes, en vertu d'un double droit.

Les actions mixtes considérées sous le point de vue du double caractère *tam in rem quàm in personam* ont pour elles, sinon la pleine force de la logique, du moins l'autorité très-avantageuse du nombre : elles sont ainsi généralement admises, et je ne comprends pas qu'on puisse la soutenir autrement; je concevrais plutôt l'opinion radicale qui les proscrit.

Ce qui reste de l'art. 59, ne présente pas de difficulté saillante ; il nous suffira de faire quelques observations. — D'abord les dispositions en faveur du tribunal du lieu où s'ouvre la succession, où siège la société ; où est le domicile du failli, où est pendante la demande originaire, où se trouve enfin le domicile élu pour l'exécution d'un acte, ces dispositions, dis-je, ne sont qu'une dérogation au principe général : *actor sequitur forum rei*, dérogation tres-utile, du reste, soit à cause des documents qu'elle procure, comme en matière de société, de succession, et même de faillite ; soit à cause de l'économie et de la rapidité qui en résultent, comme en matière de garantie ; soit enfin à cause de la latitude accordée au défendeur par l'art. 111, Code civil.

Toutes les exceptions remarquées jusqu'ici, ont pour commun effet, d'attribuer la connaissance de l'action, quelle que soit d'ailleurs sa nature, à un tribunal autre que celui du défendeur, mais de même degré. L'exception qui fait l'objet de l'art. 60 a plus de force et d'étendue, puisqu'elle porte même sur la compétence attributive. C'est là une dérogation très-grave, mais qui cependant est fondée sur une raison majeure. En effet, tout officier ministériel est naturellement placé sous la surveillance du tribunal près duquel, dans le ressort duquel il exerce ses fonctions ; partant, ce tribunal sera le plus apte à connaître de sa demande. Qu'on ne s'y trompe pas, ce n'est pas pour épargner des frais de déplacement à l'officier ministériel que le législateur fait exception à la régle, mais bien pour rendre illusoires ses prétentions trop souvent, hélas ! frauduleuses.

CODE DE COMMERCE.

De la Société en nom collectif.

L'art. 20 définit la société en nom collectif : « Celle que contractent deux personnes ou un plus grand nombre, et qui a pour objet de faire le commerce sous une raison sociale. »

Examinons comment elle se forme, comment elle se prouve, et nous verrons, plus tard, quelles sont les conséquences du principe de la solidarité.

La société se forme *sola consensu*; quant à son existence, il faut distinguer entre les associés et les tiers ; un acte en forme est inutile en ce qui regarde les premiers, puisque la preuve par témoins est toujours admise en matière commerciale. Cependant l'art. 39 porte ; « Les sociétés en nom collectif ou en commandite doivent être contractées par des actes publics ou sous seing-privé, en se conformant, dans ce dernier cas, à l'art. 1325, Code civ. » On ne peut que conclure de là qu'un acte légal est indispensable, sinon pour l'existence de la société, du moins *ad probationem*.

Le législateur l'a ainsi voulu afin d'éviter les contestations que les associés de mauvaise foi pourraient élever dans la suite. Mais, si une partie démontre au moyen des précisions tout-à-fait exactes l'existence de la société, elle sera reçue à déférer le serment : le sens logique de l'art. 41 justifie ce que nous avançons.

La société commerciale, destinée avant tout, à former un être moral, et c'est en cela principalement qu'elle se distingue de la société civile, a besoin de se manifester au public, de se rendre évidente : aussi le législateur ordone-t-il de publier un extrait du contrat quinze jours après sa rédaction. Cet extrait contient : 1° les noms, prénoms, qualités et demeure des associés ; 2° la raison sociale ; 3° la désignation du gérant ; 4° le montant des valeurs fournies ; 5° l'époque du commencement et de la fin de la société ; 6° enfin les signatures de tous les associés pour les actes sous seing-privé ; et celle du notaire pour les actes publics.

Toutes les difficultés provenant soit du défaut de date, soit du vice des formalités à suivre, recevraient difficilement une solution raisonnable, si l'on ne se pénétrait pas avant tout des positions différentes des associés et des tiers vis-à-vis les uns des autres, vis-à-vis d'eux-mêmes, vis-à-vis de la société.

La société formée et connue : considérons-là dans son administration. Ici les principes généraux reçoivent leur application pleine et entière. L'administration appartient à l'un des associés ou à tous : ils jouissent, quant à la rédaction de leurs statuts, d'une indépendance absolue, pourvu toutefois qu'ils respectent les principes constitutifs de la société ; ainsi, ils ne pourraient établir que l'un des leurs ne s'engagera, à l'égard des tiers, que pour une somme déterminée, puisque tout associé est tenu jusqu'à concurrence de toute sa fortune vis-à-vis des tiers.

Les pouvoirs de l'administrateur sont aussi étendus que possible : il est libre de transiger, traiter, etc. avec les tiers ; mais, en cas de faillite de la société, son action passe aux créanciers de la faillite qui seuls peuvent concorder avec les débiteurs.

Parfois le gérant peut, dans son intérêt exclusif, souscrire des engagements au nom de la raison sociale, et les autres associés s'immiscent aussi dans l'administration pour l'intérêt de la société. Voyons quelles sont les conséquences de ces deux actes.

1° C'est le gérant qui souscrit des engagements personnels en donnant la signature de la raison sociale.

La société est-elle engagée ? A ne considérer que le droit naturel, elle ne saurait l'être. Le gérant n'est investi du pouvoir d'engager la société qu'autant qu'il contracte relativement aux affaires sociales.

Cependant, pour rester dans les bornes de la véritable équité, il faut quelquefois affaiblir l'absolu de cette solution.

2° C'est l'associé non gérant qui fait un acte de gestion en faveur de la société. Il a emprunté, je suppose, et appliqué les fonds à la société ; celle-ci sera-t-elle engagée ? En principe, non, puisqu'il n'a reçu d'elle aucun mandat pour l'engager. Mais il est un principe contraire, à savoir : que la société comme tout autre individu, ne saurait s'enrichir aux dépens d'autrui ; d'où la conséquence qu'elle sera réellement engagée, si l'opération est heureuse. Du reste, pour trouver uue solution exacte, il faut avoir égard à la manière dont la société a profité de l'intérêt.

Lorsque l'administration est régulière, les associés sont tenus solidairement vis-à-vis des tiers (art. 22).

Le pricipe est nettement posé, mais l'application en est difficile. Et d'abord les associés sont-ils réellement solidaires, ou ne sont-ils tenus que secondairement comme cautions de l'être moral? — Si l'on décide qu'ils sont proprement solidaires, il faudra par voie de conséquence, admettre que les créanciers pourront indifféremment attaquer ou tous les associes à la fois, c'est-à-dire l'être moral, ou bien chacun d'eux individuellement. Or, ce résultat est absurde, vu qu'il expose tel associé qui ne se mêle nullement des affaires sociales, d'être traduit devant les tribunaux pour un fait qui lui est inconnu et sur lequel, par conséquent, il ne pourra présenter aucun moyen de défense.

Nous croyons qu'il est juste en même temps qu'avantageux pour le créancier que l'action soit dirigée contre l'être moral d'abord, et puis l'exécution contre chaque associé individuellement. Les associés ne sont donc pas en réalité solidaires, mais seulement tenus *in solidum.*

Mais comment poursuivre l'exécution contre les associés?......

Pour faire suite aux principes déjà posés, nous répondrons qu'il faut, avant tout, obtenir la reconnaissance vis-à-vis de la société, de l'être moral ; le jugement rendu, on en poursuit l'exécution, si la société est pendante, contre elle-même ou chacun des associés indifféremment ; si elle est dissoute, contre tous ses membres aussi, en ayant soin toutefois de discuter le fonds social.

DROIT ADMINISTRATIF.

Des Conflits.

Nature des conflits, — ses diverses espèces, — devant quels tribunaux et à quelle période de l'instance il peut être élevé, — par qui il est élevé.

Il y a conflit toutes les fois que deux autorités sont saisies d'une même contestation, ou que l'une d'elles revendique la cause portée devant l'autre. Ces deux autorités peuvent appartenir à un même pouvoir, ou à deux pouvoirs de nature différente. Au premier cas, le conflit prend le nom de *conflit de juridiction*; au second cas, on l'appelle *canflit d'attribution.* Ils sont l'un et l'autre ou positif ou négatif.

Nous n'avons à nous occuper que du conflit d'attribution.

Et d'abord, nous le regardons comme intéressant essentiellement l'ordre public; l'intérêt des parties n'est que secondaire, si on le compare à celui du corps social tout entier menacé par la lutte de deux pouvoirs rivaux, tous deux également libres, également indépendants l'un de l'autre.

Le conflit participe à la fois du gracieux et du contentieux.

D'après les termes de l'ordonnance du 18 septembre 1837, l'instruction en est faite par le comité de législation, dans la forme gracieuse; tandis que les débats et le jugement ont lieu dans la forme contentieuse.

C'est toujours à l'autorité administrative qu'il appartient d'élever le conflit, jamais à l'autorité judiciaire ; cela vient de ce que le conflit intéresse l'état ; on peut ajouter que le pouvoir judiciaire n'est pas un pouvoir actif de sa nature, et qu'il doit se borner à connaître des contestations qui lui sont soumises.

Le conflit d'attribution entre les tribunaux et l'autorité administrative, ne peut être élevé en matière criminelle (ordon. du 1er juin 1828). Cette disposition n'est autre chose que la consécration du principe de la séparation des pouvoirs, proclamé en 1789 par la constituante. Il ne faudrait pas cependant l'interpréter dans un sens trop absolu, sous peine d'arriver à de fâcheux résultats. Du reste, l'art 2 de l'ordonnance de 1828, moins radical en matière de police correctionnelle, consacre une distinction importante.

Nous ne pensons pas que le conflit puisse être élevé devant les tribunaux de commerce et les justices de paix. Comment se conformer, en effet, devant ces tribunaux, près desquels il n'y a pas de procureur du roi, aux formalités nombreuses que l'ordonnance prescrit à peine de nullité ? Et puis, l'on n'a pas à redouter ici les usurpations de pouvoir.

Quant au conflit devant les tribunaux de simple police, il résulte d'une ordonnance du 4 mars 1819, relative à une contravention en matière de roulage, laquelle matière est de la compétence de l'autorité administrative (loi du 29 floréal, an X. — Décret du 23 juin 1806).

Le respect dû à la chose jugée, met obstacle au conflit, dès que le jugement a définitivement acquis ce titre, c'est-à-dire lorsqu'il est en dernier ressort ou acquiescé. Néanmoins, ajoute l'art. 4 de l'ordonnance de 1828, le conflit pourra être élevé en cause d'appel, s'il ne l'a été en première instance, ou s'il l'a été irrégulièrement après les délais prescrits par l'art 8.

Le conflit n'est plus possible, alors seulement qu'il est intervenu une décision qui met fin au procès et dessaisit l'autorité judiciaire. Mais tant que la cause est pendante, tant qu'il n'y a pas eu jugement définitif sur le fond, en un mot chose jugée, le conflit peut toujours être elevé. — Conséquence : il peut l'être à toutes les périodes de l'instance, après un jugement interlocutoire, après la cassation, etc. Il peut l'être en cause d'appel, nous l'avons dit ; mais ce n'est que lorsque l'appel a été interjeté, et non pendant le délai que la loi réserve à cette fin à la partie condamnée. — Il n'est pas nécessaire que le déclinatoire soit renouvelé devant le tribunal d'appel. C'est dans ce sens que la jurisprudence du conseil d'état paraît être fixée, et elle semble assez conforme au texte de l'ordonnance qui porte : si le déclinatoire est admis, le préfet pourra élever le conflit *dans la quinzaine* qui suivra la signification de l'acte d'appel, si la partie interjette appel du jugement. On voit en effet que ce délai de quinzaine, qui suit la signification de l'acte d'appel, serait insuffisant pour proposer le déclinatoire, le faire juger, envoyer l'arrêt au préfet et obtenir son arrêté de conflit. Le délai dont parle l'article précité est fatal et emporte déchéance. Mais si le décinatoire n'avait pas été proposé en première instance, soit pour cause d'ignorance de l'existence du litige, soit parce que la cause était portée devant un tribunal de commerce ou une justice de paix, alors il n'y a point de délai de rigueur.

Une exception au principe posé relativement à l'inadmissibilité du conflit lorsqu'il y a chose jugée, est la suivante : jugement en dernier ressort sur fond de litige, partant pas de conflit possible ; mais s'il y a appel sur la compétence (454, Code Proc.), le conflit devient admissible.

Il doit en être ainsi, puisqu'il peut se faire que la partie condamnée obtienne gain de cause, même au fond, si elle réussit en appel.

Au préfet seul appartient le droit d'élever le conflit. Agent de l'administration active, il doit exercer les actions qui la concernent, et veiller aux intérêts de l'état dans les limites du département qui lui est confié : dépasser ces limites, ce serait excéder l'étendue de ses pouvoirs. Ce n'est donc que devant les tribunaux de son département que le préfet a qualité pour élever le conflit ; mais cette qualité, ce droit, il les conserve en appel, même devant une cour d'une circonscription territoriale en dehors de sa juridiction.

Sans nous appesantir sur les dispositions purement réglementaires de l'ordonnance de 1728, nous dirons seulement que le procureur du roi près le tribunal saisi d'une contestation est tenu, s'il estime qu'elle est de la compétence administrative, d'en requérir le renvoi devant cette autorité. En l'absence de toute réquisition, le tribunal doit d'office se déclarer incompétent : s'il refuse le renvoi, le procureur du roi en instruit sur-le-champ le préfet. Celui-ci, sur l'avis qu'il a reçu propose le déclinatoire dans un *mémoire* adressé au procureur du roi, et contenant la disposition législative qui attribue à l'administration la connaissance du litige. Si le tribunal persiste dans son refus, le préfet peut revendiquer la cause par un acte nommé *arrêté de conflit*, lequel suspend toute procédure jusqu'à ce que le conseil aura statué.

Le législateur n'a pas donné d'indications précises sur la marche à suivre à l'égard du conflit négatif; c'est qu'en effet, il est de peu d'importance. La voie la plus naturelle serait probablement de se pourvoir en réglements de juges devant une autorité supérieure aux deux tribunaux qui ont causé le conflit négatif. On pourrait aussi faire appel de la décision d'un de ces tribunaux devant la cour qui doit en connaître afin de faire casser le jugement.

Vu par le Président de la Thèse,
CHAUVEAU.

Toulouse, Imprimerie de J.-M. PINEL, rue du Poids-de l'Huile, 2.

www.ingramcontent.com/pod-product-compliance
Ingram Content Group UK Ltd.
Pitfield, Milton Keynes, MK11 3LW, UK
UKHW022142260726
13993UKWH00005B/2102

9 782019 995034